Alizé Siffleur
Alan P.

Wenn ich an Dich denke

AF210735

Alizé Siffleur
Alan P.

Wenn ich an Dich denke

Roman

Das Buch des Lebens

In das Buch des Lebens
schreiben wir unsere Geschichte
jeden Tag aus Neue.
Wir skizzieren unsere Zukunft,
sind selbst dafür verantwortlich.
Wie soll sie aussehen,
diese Zukunft?
Einsam oder gemeinsam?
Loslassen oder festhalten?
Hoffnungslos
oder voller Zuversicht?
Lebenslast oder Lebenslust?
Es liegt bei uns.

Alizé

Magie

Es gibt sie,
die Magie,
die
mit ihrer Zauberkraft
und
mit ihrem Licht,
die gemeinsamen Räume
erhellt.
Es gibt sie,
die Liebe,
die
glücklich macht
und
eine Botschaft ist
zwischen den Zeilen.
Es gibt sie,
die Zuversicht,
geboren aus
Vertrauen,
das man empfindet,
wenn man liebt.

Alizé

Es könnte sein

Es könnte sein,
Dass die Sehnsucht
Dich träumen lässt
Von sanften Küssen
In dunkler Nacht
Von zarten Berührungen
Dem Gleichklang zweier Seelen

Es könnte sein
Dass die Sehnsucht
Dich traurig macht
Du glaubst
Diesen einen Menschen
Der für dich einzigartig ist
Der dich einzigartig macht
Niemals zu finden

Es könnte sein
Dass er
Ungeduldig
Sehnsuchtsvoll
Deinen Kuss erwartet
Dich umfangen will
Mit seiner Liebe.
Es könnte sein ...

Alan

Nicht dein Typ

‚Sie ist nicht dein Typ'
sagten die Flüsterer.
‚Du wirst Sie nicht knacken'
flüsterten die Gutmeiner.
Ihm war es egal,
er sah sie allein mit seinen Augen,
verschenkte sich an sie
und bekam sie geschenkt.
Alizé

Fassaden

Er dachte
Er wäre hart wie Stein
Er dachte
Nichts und niemand
Kommt an ihn heran
Dann ist er ihr begegnet
Und nur mit dem Wunsch
Hinter die Fassade zu sehen
Hat sie sein Herz gefunden
Nun gehört es ihr
Alan

Als wir uns fanden

Alizé:
Mein Universum versteckt
hinter wohl verschlossenen Türen.
Die Fassade geschmückt und glatt.
Habe niemanden hinein gelassen,
in meine Welt.
Dann, unvermittelt,
standst du vor meiner Tür.
Hast vorsichtig angeklopft.
Ich ließ dich zögerlich ein.

Alan:
Damals hatte ich meine Pläne.
Sie schmiedeten sich von allein.
Ich war vorsichtig, hatte Angst,
dass du sie mir abnimmst.

Alizé und Alan:
Heute haben wir gemeinsame Pläne.
Sie schmieden sich ganz von allein.
Und wir nehmen sie uns gegenseitig ab.

Die erste Begegnung

Die erste Begegnung mit dir
ließ mich lächeln.

Das erste Kennenlernen
ließ mich Leben spüren.

Vertrautheit
hält mich nun geborgen.

Die letzte Begegnung mit dir
wird Schweigen sei
und Dunkelheit.

Alizé

Möchte dich

Bewahren
Vor allem Unbill

Behüten
Wenn du es zulässt

Beschützen
So gut ich es vermag

Willst du bei mir bleiben
Wenn du dich traust
Das Wagnis einzugehen

Mit mir
?

Alan

Winterträume

Sonnenstrahlen lächeln durch das Fenster.
Weiß gepuderte Baumkronen
über winterlichem Land.
Der Morgen atmet Stille.

Dein Blick wärmte meine Nacht,
endlos erscheinende Stunden
in schneeweichen Kissen.
Hungrige Küsse auf heißer Haut.

Nur du und ich auf der Welt,
vereint in sanftem Gleichklang.
Wortloses Verstehen
schwebte zwischen uns.

Wieder Kälte auf der Haut.
Salzige Tränen benetzen Wimpern.
Sie sind nur für dich,
Augenblicke, schon Erinnerung.

Ein Satz geschrieben
auf die eisige Fensterscheibe
wärmt mich, lässt mich schweben:
‚Bitte warte auf mich!'

Alizé

Ungesagte Versprechen

Ich sah dich zum ersten Mal
Und wusste sofort
Es ist richtig zwischen uns

Du bist mein Seelengegenüber
Meine zweite Hälfte
Mein neues Leben

Du vertrautest mir
Vorbehaltlos
Ich versprach nichts

Doch du wusstest
Was ich dir ungesagt versprach
Würde ich halten

Alan

Tu es lá

Tu es lá.
Je suis amoureuse de toi depuis toujours.
Dans mes reves.
Trug dein Bild in mir,
für eine lange Zeit.
Vermisste dich
Obwohl ich dich
doch gar nicht kannte.
Suchte dich
auf verschlungenen Pfaden.
Irrte, verirrte mich.
Und war doch immer voller Hoffnung.
Tu es lá.
Et avec toi la vie.

Plötzlich ist alles leicht,
wir haben uns gefunden.
Gehen den Weg gemeinsam,
Hand in Hand,
Herz an Herz.
Schützen und halten uns.
Sind nie mehr allein.
Tu es lá.
L'amour de ma vie.

Alizé

Unser Glücksgarten

Zuerst, da war es nur ein Traum
Wir gaben unserer Sehnsucht Raum
Und trotz vorhandener Distanz
Hab' ich uns diesen Traum gepflanzt

Hab' uns versprochen ihn zu pflegen
Ihn zu beschützen und zu hege
Egal, ob grobe Stürme wüten
Dies Pflänzchen wollte ich behüten

Das macht mich stark, ich wachse mit
Vertrauen kommt mit jedem Schritt
Ich nehme zaghaft deine Hand
Mit dir hat unser Traum Bestand

Wir finden uns und Stück für Stück
Wird er real, der Traum vom Glück
Komm mit, ich kann es kaum erwarten
Ihn zu bestellen, unseren Garten

Alan

Für deine Liebe würd' ich

Für deine Liebe würd' ich,
verlangtest du's von mir
honorig, ziemlich würdig,
von ernsthafter Manier.

Aus Liebe würd' ich bieder,
macht' mir die Locken glatt,
verbrenn mein Spitzenmieder,
trüg' Baumwollripp anstatt.

Ich würd' für deine Liebe
der reinste Engel sein,
sehr sanft und immer folgsam
bar jeder Teufeleien.

Sollt' mich der Hafer stechen,
so nähm' ich Baldrian,
macht' eine Yoga Übung,
schaut' mir 'nen Tierfilm an.

Ach Quatsch, was soll das werden?
Das schaffe ich doch nie!
Kann mich nicht so verbiegen
Und wüsste auch nicht wie.

Lass Locken weiter kringeln,
das Mieder bleibt im Schrank
die Sache mit dem Engel
vergesse ich (Gott sei Dank).

Jedoch für deine Liebe
Will ich authentisch sein.
Und willst du mich so haben,
lass ich mich auf dich ein.
Alizé

Ein schüchternes Wort

Ich habe ein Wort auf den Lippen
Es stiehlt sich davon
Lugt um die Ecke
Schüchtern und ängstlich
Es fragt sich
Ob du es hören willst

Du lächelst uns an
Mein Wort und mich
Auf deine Art
Verschmitzt und frech
Und gleichzeitig aufmunternd
Da traut es sich zu dir
Und ich schließe mich ihm an.
Alan

Geschenke

Würd' dir gern ein Lied schreiben.
Ein ganz leises
zum Zurücklehnen und Ausruhen.

Würd' dir gern ein Bild malen.
Eins von Sonne und Meer,
zum genießen und ruhig werden.

Ach, ich kann nicht komponieren
und auch nicht malen.

Aber meine Träume,
die schenke ich dir gern.

Alizé

Immer nur Du

Ich dachte
Ich hörte deine Stimme
Im Murmeln des Wassers
Ich glaubte
Ich vernahm deine Schritte
Im Platschen der Wellen

Ich meinte
Ich schmeckte deinen Duft
In Gischt geschwängerter Luft
Ich erwartete
Deine Berührung zu spüren
Im sanften Streicheln des Windes

Ich vermeinte
Dein Bild zu sehen
Auf spiegelglatter See
So bist du
Ein Teil von mir
Begleitest mich

Wind und Wellen
Erzählen immer nur
Von dir

Alan

Und wenn ich gehen muss ...

Und wenn ich gehen muss,
warum sollte ich dann trauern?
Ich fand mein zweites Ich.
Und wenn ich dich allein lassen muss,
warum sollte ich dann trauern?
Ich habe gelebt.

Trauern würde ich,
wenn wir uns nie begegnet wären.
Dann hätte ich nicht gewusst,
was Leben bedeutet.
Zusammen sind wir unschlagbar.
Ganz besondere Superhelden.
Du für mich.
Ich für dich.

Und wenn ich gehen muss,
dann träume ich mich für immer zu dir.
Und wenn ich dich verlassen muss,
dann träumst du dich für immer zu mir.

So bleiben wir zusammen,
geben uns niemals auf.
Wir beide, mein Liebster,
werden immer geborgen sein.

Alizé

Besitzlos glücklich

Wir müssen nichts besitzen
Wir haben doch unendlich viel

Selbst wenn ich dich nicht sehe
Bist du bei mir
Und ich bei dir

Und wenn wir eines Tages
richtig alt sind
So richtig alt und klapperig, meine ich
Dann stützen wir uns eben
gegenseitig.

Und wenn dir deine Welt zur Last
wird
Dann trage ich sie für dich

Alan

Liebe ist unermesslich

„Wie sehr liebst du mich?", frage ich.
„Sehr", sagst du.
„Wie sehr?"
„Na eben riesig sehr."
„So sehr wie einmal um den Äquator?"
„Mindestens."
„Aber was ist, wenn du einmal rund bist?"
Du lächelst.
„Dann nehme ich dich
bei der Hand
und wir fliegen zusammen
zu den Sternen,
in die Unendlichkeit."
Alizé

Was wird sein

Wird jemand da sein, wenn wir alt sind?
Frage ich
Du must dir keine Sorgen machen
Lächelst du
Ich schüttele energisch den Kopf
Aber wer soll das sein
Ich! Ich bin immer da, flüsterst du
Alan

Wünsche

Ich möcht' jetzt gern
kleine Worte tuscheln,
dich ganz und gar verwuscheln,
in weichen Daunen kruscheln,
so die Stunden verkuscheln
...
nicht weiterdenken,
oder den Kopf verrenken,
einfach Gefühle verschenken

Alizé

Start in den Tag

Jeden Morgen
Schaue ich in dein Gesicht
Lachende Augen, so voller Liebe
Jeden Morgen
Höre ich deine Stimme
Dein Morgengruß, geflüsterte Zärtlichkeit
Jeden Morgen
Kaffeegespräche voller Lachen

Ein wundervoller Start
Jeden Tag in den Tag.

Alan

Catwoman

Sie hat dich gefunden.
Du gehörst jetzt nur ihr.
Darfst dich um sie kümmern,
vielleicht schnurrt sie dafür.

Sie hat's gerne weich,
räkelt träge im Bett.
Du darfst bei ihr liegen,
wenn sie will, ist sie nett.

Sie hat gern Geschenke
doch sie ist arrogant.
Nimmt beileibe nicht alles,
frisst dir nie aus der Hand.

Greifst du nach ihr, faucht sie:
„Pfoten weg, Mann!"
Beachte sie nicht,
dann schmiegt sie sich an.

Lässt sich nicht dressieren,
läuft nie mit der Meute.
Doch manchmal verweilt sie,
ist treu dir für heute.

Bei ihr bist du Butter
das weiß sie genau,
darum streichle sie zärtlich,
sonst kratzt sie – Miau
Alizé

Kumpel, Gent und Lover ...

Für alle jungen Typen
Die bisher unbeweibt
Hab ich hier die Gewissheit
Dass das nicht immer bleibt
Habt etwas mehr Geduld
Es lohnt sich allemal
Ihr werdet langsam älter
Das ist zum Glück normal

Schlaflos, voller Pläne
War für mich manche Nacht
Ich machte all die Fehler
Die ihr jetzt gerade macht
Es dauert ein paar Jährchen
Die häufig voller Plagen
Doch schließlich wird die Weiblichkeit
Die Holde dieses sagen

Sieh diesen Kerl dort vorne
Wohl in den besten Jahren
Beziehungskompatibel
Romantisch und erfahren
Er händelt alles super
Die Partnerschaft, den Job
Hat meistens gute Laune
Ist nie und nimmer grob

Kann putzen, kochen, spülen
Staubsaugen und auch fegen
Willst du ein neues Gartenhaus
Kann bauen er und sägen
Einkaufen ohne Liste
Den Müll zur Tonne bringen
Das macht er ohne nachher
Ein Jammerlied zu singen

Ach, so ein Kerl, ein Graubart
Grad in den besten Jahren
Er hat zwar kaum noch Haare
Doch ist er kampferfahren
Na gut, er muss verschnaufen
Braucht öfter mal auch Pausen
Doch lässt er für sein Mädchen
Den Fußballsamstag sausen

Glaubt mir, ihr jungen Typen
Das war kein Kinderspiel
Doch kommt ihr in die Jahre
Dann seid auch ihr am Ziel
Seid für sie unverzichtbar
Seid Kumpel, Gent und Lover
Und wenn es für euch besser ist
Seid ihr auch undercover

Alan

Lächeln

Ach,
alles ist leicht
für mich
und
ich habe
Lächellippen.
Nur,
weil es
dich gibt

Alizé

Stille Freude

Stille Freude umfängt mich
Denn du begleitest mich
Durch meinen Tag
Wo immer ich auch bin
Mein Navi sagt: zu Hause
Und meint doch nur dich

Alan

...da begann mein Herz zu wispern

Als ich gestern Nacht
die Dunkelheit atmete
und die Stille erlauschte,
da begann mein Herz zu wispern
und zu flüstern.
Es erzählte von dir:
Von deinen Augen
wie sie lächeln
und es zum Strahlen bringen.
Von deinen Händen,
die es wärmen
und in Liebe hüllen.
Von Deinen Lippen,
die es
mit Küssen überschütten.
Da konnte ich
mein Herz nicht mehr festhalten.
Es erhob sich
und schwebte sanft zu Dir

Alizé

Du bist

Du bist mein Ruhepunkt,
Mein Lotse
Bist Kompass mir
Und Rettungsboot
Bist Leuchtturm
Wind in meinen Segeln
Mein Horizont im Abendrot

Verbiegen wir die Längengrade
Und legen an in fremdem Land
Entdecken miteinander Welten
Und ruhen aus am Palmenstrand

Ein jeder Tag bringt Abenteuer
ich bin bei dir, weil ich es will
Erlebe kostbare Momente
Und wollt' die Zeit, sie stünde still

Es gibt so manche Turbulenzen
Wir tauchen ganz ins Leben ein
Ich folgte dir durch alle Wetter
Und will für immer bei dir sein

Alan

Ahnst du?

Ahnst du,
wie sehr ich dich liebe?

Ahnst du,
wie sehr ich dich brauche?

Ahnst du,
wie gut mir deine Wärme tut?

Ahnst du,
wie geborgen ich mich bei dir fühle?
Wie sehr verstanden und akzeptiert?

Ahnst du,
wie stolz ich darauf bin,
die Frau an deiner Seite zu sein?

Alizé

My Dear,

Du weißt es
Liebe kann alles
Ich lebe sie mit Dir
Intensiver als je zuvor

Ich lausche
Deinem Pulsschlag
Deinem Atem
Ich fühle
Jeden Augenblick mit Dir

Fühle Dich
Ich will
Nie wieder ohne Dich sein
Nie mehr allein sein

Ohne
Deine Lippen
Deine Augen
Deine Wärme
Du warst es immer
Wirst es immer sein
Alan

Szenen

Gestern Nacht
streichelte ich
im Licht des Vollmondes
schlafwarme Haut,
wünschte mir
es wäre deine Hand
die ich spürte, nicht meine.

Heute Morgen
frühstückten wir zuerst,
kosteten, probierten von einander,
erst spielerisch
und danach lachend.
Wir fühlten uns ganz leicht.
Kommst du morgen wieder?

Alizé

Nicht mit dir schlafen

Man sagt ich will mit dir schlafen
Doch das ist es nicht was ich will

Ich will wach sein mit dir
Nähe spüren

Dich immer wieder
Neu erforschen

Dich atmen
Und erleben

Ich will mit dir wach sein
Dann will ich mit dir schlafen

Alan

Jeden Abend

Jeden Abend,
wenn die Sonne untergeht,
breche ich noch schnell
einen Sonnenstrahl ab.

So finde ich
in der Nacht
den Weg zu dir
und wir lieben uns
auf samtenen Laken.

Irgendwann,
wenn sie alle
abgebrochen sind,
fällt vielleicht der Himmel herunter.

Dann können wir uns
in die Wolken kuscheln
und uns lieben.

Alizé

Hätt' ich

Abendrot und Morgennebel
Sternenhimmel hell und klar
Bunte Wiesen, reife Felder
Wälder grün und wunderbar

Hätt' ich dies nie wahrgenommen
Hätte ich nur dich gesehen
Wäre ich auch trotzdem glücklich
Würde immer zu dir stehen

Donnergrollen, Windgetöse
Sturm, der wütend wütet, tobt
Kinderlachen, Lieblingsound
Gesangverein, der lauthals probt

Hätt' ich dieses nicht vernommen
Hätte ich nur dich gehört
Erzähltest du mir von der Liebe
Wär ich von jedem Wort betört

Glauben, hoffen, resignieren
Kummer und Zerrissenheit
Freudentaumel, Glücksmomente
Liebe, stille Heiterkeit

Hätt' ich dieses nicht erfahren
Hätte ich nur dich erlebt
Schlief ich ein in deinen Armen
Wüsste ich, ich hab gelebt
Alan

Diashow

Bilder ziehen vorbei,
Diashow
unseres gemeinsamen Lebens.

Lass sie uns anhalten, sage ich,
verweilen
in unserem Sommer,
wieder Glück
zwischen den Sandbänken spüren.
Nur Sätze sagen,
die wir so meinen.

Du nickst,
schenkst mir dein Lächeln.
Gestern hat es geregnet,
vielleicht scheint morgen die Sonne.

Alizé

Noch immer höre ich

Den Wind
Und die Brandung

Sehe den sonnenheißen Strand
Wo wir uns liebten

Schmecke das Salz auf deinem Körper
Und deine Lust

Heiße Haut unter meinen Lippen
Spüre die Glut in deinem Schoss

Wir liebten uns
Für einen Wimpernschlag
Der Ewigkeit

Die Erinnerung ist geblieben

Wie ein Traum
Umhüllt sie mich
In schlaflosen Nächten

Alan

Loslassen

Du ziehst an deiner Zigarette,
stößt den Rauch aus,
die Lippen leicht geöffnet
pustest du ihn
in die Winternacht.

Wir wussten beide,
dass es nicht leicht wird
zwischen all den Barrieren
zu balancieren,
uns gegenseitig zu stützen,
so das Gleichgewicht zu halten.
Doch wir packen das,
bleiben im Takt
unseres gemeinsamen Herzschlags,
nichts weiter.

Doch manchmal
Müssen wir uns loslassen,
und ein Stück des Weges
allein gehen
um uns wieder
zu finden.

Alizé

Alles gesagt?

Ich will nicht mehr reden
Alles ist gesagt
Viel mehr als uns gut tat

Die Nacht zieht auf
Sie ist verschwiegen
Sie wird mit ihrer Finsternis

Meinen Schmerz
Meine Verletztheit
Bedecken

Nun dämmert der Morgen
Zögerlich erst
Doch nicht mehr aufzuhalten

In seinem Glanz
Wagt sich mein Herz
Dem Verstand aufzuzeigen
Wie wenig er die Liebe versteht

Alan

Von Festhalten

Kann nicht einschlafen ohne dich.
Gedanken wandern auf leisen Sohlen
durch die Nacht.

Kann dich nicht festhalten.
Fließendes Wasser kann man nicht
greifen.
Es umschmeichelt
und entzieht sich gleichermaßen.

Ist nur so ein Gedanke,
den die Nacht bringt,
die mit sanfter Schwermut
die Grenzen zwischen Vorstellung
und Realität verschwimmen lässt.

Alizé

Ach wäre ich ...

Ach wäre ich der Sommer
Ich würde dich
Nach einem kühlen Bad wärmen
Dich sanft umfangen
Und mit warmer Luft umschmeicheln

Ach wäre ich der volle Mond
Ich würde Dich nach Hause begleiten
Dann durch Dein Fenster spinzen
Und Deine entblößte Haut streicheln

Ach wäre ich ein Regentropfen
Ich würde in Dein Dekolletee fallen
Ich blieb für immer darin
Und verzichtete auf alle Wolkenbrü-
che

Alan

Kind sein

Einst
sagtest du
ich wäre
wie ein Kind,
weil ich
an die Liebe
glaubte.

Nun sagst du
ich wäre
erwachsen geworden.

Doch wünsche
Ich mir
das Kind sein
so sehr
zurück.

Alizé

Konkurrenz

Gestern schenkte ich dir
Den heutigen Tag
Als eine gelungene Überraschung
Wir genossen ihn
Vom Sonnenaufgang
Bis in die Nacht

Doch morgen
Das sagt mir ein Gefühl
Hast du wieder
So einen Genießertag

Haben ich und mein Tag
Etwa
Konkurrenz bekommen
?

Alan

Die große Liebe

Mit jeder neuen Liebe
machen wir's uns schwer
weil wir ständig denken
dass es die letzte Liebe wär.

Ein riesiges für immer
ins Leben eingeritzt.
Wir haben keinen Schimmer
dass nichts bleibt wie es ist.

Von Liebe, die wir fühlen
nehmen wir auch etwas mit.
Ein Duft, ein Kuss, ein Lächeln,
vielleicht ein harter Schnitt.

Und Liebe, die wir finden,
sie hat uns stark gemacht.
Ein weiteres Stück Leben,
das uns kurz Glück gebracht.

Alizé

Katzenaugen

Du schaust mich an
Mit deinen Katzenaugen
Grüne Unergründlichkeit
Unbarmherzig und so fremd

Wo ist die Vertrautheit geblieben
Wann verloren wir die Unschuld
Wann verloren wir uns
Hast du uns aufgegeben

Oder wirst du kämpfen
Um unsere Liebe

Alan

Tanz auf dem Vulkan

„War es das?", flüsterst du.
Ich weiß es nicht, suche,
was ich in dieser Nacht
in deinen Augen las?
Wir wissen nichts voneinander.
Haben beim Tanz auf dem Vulkan
uns schon tausendfach verbrannt.
Spiel mit dem Feuer,
züngelnde Flammen,
ein kurzer Rausch,
Glück für einen Wimpernschlag.
Du löschst die Kerzen
und ich drehst mich zur Wand,
schlucke meine Tränen,
heiß wie Lava.
Deine Hand auf meiner Hüfte.
Lippen hauchen zarte Küsse
in meinen Nacken.
Zärtliche Worte,
gemurmelt.

Diese Nacht
soll nicht im Alltagsgrau versinken.
Will nicht an das Morgen denken
und verbrennen.

Alizé

Glaube, Hoffnung, Liebe

Gestern glaubten wir an die Liebe
Dass uns nichts trennen kann
Hatten ein für immer
Heute sitzen uns gegenüber
Blicke vermeidend
Sind weit voneinander entfernt
Haben alle Worte aufgebraucht
Das Schweigen dehnt sich
Umhüllt uns grau
Verharren in Lautlosigkeit, Starre

Reden wäre einfach
Doch wer soll anfangen
Es wäre ein neuer Beginn
Der Anstoß
Auf den wir beide warten

Ich würde dich so gern berühren
Worte der Liebe flüstern.

Alan

Ich träumte davon

Ich träumte davon,
dass mir die Liebe begegnet wäre.
Ich träumte davon,
dass sie lebenswert wäre, diese Liebe.

Ich träumte
von der Magie des Augenblicks
und von Glück und immer.
Auch vom Zuhören und Verstehen
träumte ich.
Davon, ganz ich sein zu können.

Ich träumte davon
gehalten zu werde
und getröstet
in all den dunklen Stunden.

Alizé

Freier Fall

Wieder versinkst du
In deiner Traurigkeit

Fällst bis zum Grund
Des Tränenmeeres

Dabei träumten wir uns einmal
Mit weißen Segeln
Auf das Meer der Glückseligkeit

Alan

Gelöschter Kontakt

Hab' meine ganze Kraft verbraucht,
bei dem Gedanken dich zu hassen.
Mich so gequält bei dem Versuch
dich endlich loszulassen.
Hab' den Kontakt gelöscht,
und dich gerad' weggedrückt.
Hab' im sozialen Netzwerk
‚gefällt mir nicht' geklickt.

Dein Foto nervte mich,
ich hab's zerrissen
und den nicht abgeholten Krempel
ganz kurzentschlossen weggeschmissen.
Ich kann auch wieder schlafen,
hab die Erinnerungen weggesperrt.
Und meine dunkeln Nächte
sind fast wieder unbeschwert.

Die Narben, die zurückgeblieben,
ich hab' sie super überschminkt,
Und was noch von mir übrig blieb,
ist wieder neu mit mir verlinkt.
Ich bin zurück auf Los,
bereit noch einmal abzuheben.
Doch irgendwo in meinem Herzen,
wird es dich für mich immer geben.

Alizé

Wie wäre es gewesen

Wie wär es gewesen
Wie sähe es aus
Wären wir noch zusammen
Aus dem Gröbsten raus
Mit dir zu leben
Wie das wohl wär

Hätten wir Alben vom Urlaub
In unserem Schrank?
Und Fotos von uns
Auf der Fensterbank
Mit dir zu leben
Wie das wohl wär

Wärst du oft launisch
Gar nicht gut drauf
Wäre das Leben Routine
Und nähme seinen Lauf
Mit dir zu leben
Wie das wohl wär

Würden wir uns oft fetzen
Wäre uns das vertraut
Wie würden wir streiten
Wären wir leise oder laut
Das Miteinander,
Wie das wohl wär

Es gab so viele Wege,
Das Leben zu gestalten
Und unendliche Gründe
Dich niemals festzuhalten

Der Weg

Sie fanden sich,
liebten sich behutsam
mit immer größerem Entzücken.
Konnten ohne einander nicht leben,
gingen den Weg gemeinsam.

Dann plötzlich
im täglichen Einerlei
verloren sie sich,
kamen von Wege ab,
verirrten sich im Dickicht.

Sie fanden sich
liebten sich doch.
Konnten ohne einander nicht leben.
Der Weg
wurde wieder ein gemeinsamer
für immer.

Alizé

Verstand und Herz

Der Verstand sagt

Wie kannst du dich
Für die Liebe entscheiden
Sie ist ein unsicheres Ding

Das Herz antwortet
Sie ist wankelmütig
Kommt und geht
Doch manchmal
Entschließt sie sich
Zu bleiben

Wie kann ich
Meinem törichten Herzen
Widerstehen
?

Alan

Vorsicht: Liebe

Keine Liebenden zu sein,
macht das Miteinander einfach.
Keine Verantwortung zu haben,
macht alles so leicht.

Doch wir lieben uns
und wenn ich mein Leben verlasse,
komme ich in deins,
so wie du
in meinem Leben
willkommen bist.

Alizé

Es gibt keine Garantien

Hoch gekommen, tief gefallen
Viel zu oft zum Depp gemacht
Haben niemals aufgegeben
Jeden Kummer weggelacht

Haben uns in jeder Krise
Einander schützend aufgestellt
Gingen Hand in Hand gemeinsam
Über manches Minenfeld

Leben, lieben und wir streiten
Wissen, wo der Kummer wohnt
Tragen Narben, die uns sagen
Dass das Kämpfen meistens lohnt

Es gibt keine Garantien
Auf den nächsten Tag mit dir
Doch wenn du es wirklich möchtest
Sollst du wissen, ich bin hier

Alan

Tage des Zorns und der Stärke

Du sprachst zu Anfang
von deiner dunkle Seite.
Ich sagte,
dass ich sie nicht sehen kann.
‚Du siehst nur, was du willst',
antwortest du.

Es gibt sie,
die Tage,
in denen der Blues
über dich kommt
und auch
Tage des Zorns.

Doch
die Tage der Stärke
überwiegen.
Wenn
du mich auffängst
und hältst

Alizé

mo shiorghrá

Bitte komm zu mir
noch näher zu mir
Schenk mir deine Wärme
Wann immer ich frier
Wecke mich auf
Wenn der Alptraum mich hält
Bring mich zurück
In unsere Welt

Halte mich fest
Wenn ich mich verlier
Sage mir dann
Ich gehöre zu dir
Liebe mich auch
Wenn ich mich so sehr hasse
In Gedanken versunken
Mich dem Blues überlasse

Du heilst meine Seele
Der Verband ist sehr leicht
Er besteht nur aus Liebe
Die alles erreicht
Halte mich fest
Und halt mich ruhig für verrückt
Doch bitte komm näher
Nur noch ein kleines Stück
Alan

Un - sinn

Mein Liebster, komm her,
nimm mich in den Arm.
Das fühlt sich noch gut an,
so sicher und warm.
Ich möchte' dir was sagen,
weiß nicht, was du meinst,
hast du's denn gemerkt?
Es ist nicht mehr wie einst.

Der Rausch ist vergangen,
vom Alltag geklaut.
Wir kennen uns gut,
sind uns sehr vertraut.

Und wenn wir jetzt tuen,
als wär's das erste Mal?
Ein Date, so ganz heimlich,
bar jeder Moral.
Wir treffen uns abends
in einem Hotel,
und lieben uns gierig,
denn bald wird es hell.

Umarmung im Dunkel,
die sich verboten anfühlt.
Der Rausch einer Nacht,
die uns beide aufwühlt.

Nicht denken, nur fühlen,
Vertrautheit vergessen,
Gewohnheit passé,
Abenteuer stattdessen.

Du lächelst, du küsst mich,
dass ich atemlos bin.
Was wollt' ich nur sagen?
Das war wohl Un - sinn ...
Alizé

Vom Wünschen

Hätte ich einen Wunsch frei
So wünschte ich mir
Verstehen und Verständnis
Hätte ich einen zweiten Wunsch frei
So wünschte ich mir Zeit
Zum Lachen und traurig sein
Hätte ich noch einen dritten Wunsch frei
So wünschte ich mir Reden und Schweigen
Im richtigen Augenblick
Hätte ich nur einen Wunsch frei
So wünschte ich mir Dich
Alan

Liebesbeweise

Für dich würd' ich vom Fünfer springen
und dabei Arien laut singen.
Dann elegant ins Wasser tauchen
und nachher einen Notarzt brauchen!

Ich könnt' mir`s Fahrradfahren beibringen,
mich tapfer in den Sattel schwingen.
Dann gegen eine Mauer knallen
und schmerzhaft auf das Steißbein fallen.

Der Eiffelturm ist kein Problem,
dort Schlittschuhlaufen schon extrem.
Doch würd' ich das glatt für dich machen
und noch viel schwierigere Sachen.

Ich fänge uns eine Wolke ein
ein weißes Schäfchen, noch ganz klein.
Damit umsegeln wir die Welt
und reisen so ganz ohne Geld.

Das alles täte ich Dir zur Liebe,
und hofft', dass diese ewig bliebe.
Doch glaub' ich, Du weißt ohnehin,
dass ich allein Dein Mädchen bin!

Alizé

Rotweinträume

Wie gern wäre ich
Wieder am Mont-Martre
Zusammen mit Dir
Den Künstlern
Auf dem Place du Tertre
Über die Schulter schauen

Oder den singenden Gondolieri
An der Rialto Brücke lauschen
Im wortlosen Einvernehmen

Zwischen orientalischen Düften
Mit Dir
Hin zu den Basar Händlern
In Istanbul

Würde gern an die Copacabana
Zu den Samba Königinnen
Nackte Haut
Heiße Rhythmen
Erleben

Glastonburry Abbey
Noch einmal Stille spüren
Ewigkeit erahnen,
Hand in Hand

Es zieht mich
Zu einsamen Stränden
Gälische Fischer
Auf rauer See
Von klagenden Möwenschwärmen umgeben

Shanghais bunte Lichter
Sie blinken nur für uns
Wunder im Reich der Mitte

Doch am Abend
Wenn die Sonne sich der Nacht überlässt
Möchte ich das allerletzte Glas Rotwein
Mit dir allein trinken

Alan

Keine Zeit

Habe keine Zeit,
nicht zum Ausruhen,
nicht einmal zum Luftholen.
Aber immer habe ich Zeit
um an dich zu denken.

Alizé

Heute

Hätte ich
So gern
Mit Dir geredet
Dabei gab es
Gar nichts
Besonderes
Zu erzählen

Alan

Träume

Die laue Nacht ist seidenweich,
sie streichelt, schmeichelt,
lässt mich träumen.
Millionen Sterne über mir,
will keinen Augenblick versäumen.

Die Häuser sind nur Schattenriss,
die Stadt erscheint mit heut' so groß,
doch liegt sie friedlich unter mir.
Sie schläft, es ist längst nichts mehr los.

So viele Lichter funkeln hell,
ich fühl' mich plötzlich sehr allein.
Grad lag ich noch in deinem Arm
und möcht' schon wieder bei dir sein.

Dein letzter Kuss, das letzte Glüh'n
ist leider viel zu lange her.
So träum' ich, schau' die Sterne an
verliere mich im Lichtermeer.

Alizé

Unterwegs

Rechts und links der Straße
Fahles Dämmerlicht
Der Morgen reckt sich zögernd
Zeigt grau sein Gramgesicht

Terminal, Checkin, Zeitung
News, schon überholt
Lauwarmer, bitterer Kaffee
Er schmeckt nicht, doch was soll's

Gedanken kreisen träge
Wie gerne wäre ich bei ihr
Würd ihren Schlaf behüten
Spür sie noch warm an mir

Hielt sie in meinen Armen
Die ganze lange Nacht
Erlebte Liebe, lieben
Durch sie, sehr sanft und sacht

Sie ist für mich die Liebe
Das weiß ich ganz genau
Und diese kleine Lady
Ist meine Zauberfrau

Alan

Meine Kristallkugel

Meine Kristallkugel,
sie zeigt mir
Glück und Geborgenheit
in deinen Armen.
Liebkosungen,
dein Duft
auf meinem Kissen.
Ein Raunen nur
von Liebe und Nähe.
Wortloses Verstehen.

Sie zeigt mir
Die Zukunft
mit dir.
Höhen und Tiefen,
Streiten und Wiederfinden.
Tränen und Freude
nah beisammen.
Bestätigung und Verständnis.

Sie zeigt mir
Einfach dich.

Alizé

Du - Ich - Wir

Ich denk an dich
An jedem Morgen
Mittag
Abend
Du begleitest mich
Wo immer ich bin
Denn ich liebe dich

Ich bin bei dir
In allen Augenblicken
Ich halte dich
Wenn du strauchelst
Denn ich liebe dich

Wir sind uns nah
In jedem Moment
Wir stützen uns
Geben uns Kraft
Denn wir lieben uns

Alan

Sanftes Erwachen

Der Tag schleicht zögernd sich ins Zimmer,
bald flutet Morgenlicht den Raum.
Zwar bist du hier, an meiner Seite,
doch treibst du noch in deinem Traum.

Gedanken kreisen träge, sind so leicht.
Der frühe Morgen lässt sie schweben.
Sie räkeln sich, sind angenehm und heiter,
begierig Neues zu erleben.

Du regst dich, brummelst vor dich hin.
Bin jetzt in deinem Arm geborgen.
Ich schmiege mich ganz nah an dich heran,
genieße diesen Sommermorgen.

Doch dringt nach einer Atempause
das pralle Leben durch das Fenster zu uns ein.
Ich höre Kinderlachen, Autotüren,
und wär doch gerne noch mit dir allein.

Verstrichen ist die Zeit der sanften Ruhe,
du scheinst es auch zu spür'n und räkelst dich.
Du blinzelst mit verschlafenem Lächeln
und dieser Augenblick ist nur für mich.

Wie schnell vergeht die Zeit in diesen Tagen,
ich kuschle mich noch einmal fest an dich.
Wann, wenn nicht jetzt sollt ich dir sagen,
wie gut du tust - ich liebe dich.
Alizé

Ich weiß

Ein Sonnenstrahl kitzelt meine Nase
Lässt mich sanft erwachen
Deine Wärme neben mir
Noch ganz vom Schlaf gefangen
Kuschelst du dich an mich
Ich genieße den Augenblick
Liebkose deine Brust
Mit meinem Mund
Vorsichtig
Will dich nicht wecken
Oder doch

Du regst dich
Blinzelst
Schenkst mir
ein verschlafenes Lächeln
Ich liebe dich
Flüsterst du
Wellen des Glücks
Überfluten mich
Schlagen über mir zusammen
Ich weiß
Das ist der Moment
Der nur uns allein gehört

Alan

Bilderrahmen

In meinem Herzen ist Platz
für einen Rahmen.
Darin verwahre ich sein Bild.
Daneben schrieb ich seinen Namen
auf ein nur leicht zerknicktes Schild.

In meinen Ohren ist Raum für seine Stimme,
für jedes ach so liebe Wort.
Mein Mund schmeckt immer noch
die Küsse,
's Aroma bleibt wohl ewig dort.

An meiner Hand ist Platz für seine Finger,
ich halt' ihn, wie er zu mir hält.
Wenn er mich weiterhin sanft auffängt,
so pass ich auf, dass er nicht fällst.

An meiner Seite ist Raum für seine Liebe,
ich hoff' sie bleibt für immer hier,
und schenk' ihm für sein Herz nen Rahmen
mit einem kleinen Bild von mir.

Alizé

Noch immer

Noch immer
Habe ich Schmetterlinge im Bauch
Wenn ich an dich denke

Mein verrücktes Herz
Hüpft und schlägt purzelbäumig
Im Takt der Liebe

Seit ich dich kenne
Jagen meine Gedanken im Kopf herum
Wie wilde Wirbelwinde

Wo ist nur meine Ruhe
Meine Lässigkeit
Was hast du mit mir gemacht

Du hast mir doch nur eine Sekunde
In die Augen gesehen
Von diesem Augenblick an
Habe ich mich an dich verloren

Alan

Vom Möchten

Möchte
dir immer
Zärtlichkeit schenken,
so viel und so wenig.

Möchte dich
loslassen,
aber
nicht fallen lassen
oder verlieren.

Möchte mich
in deine Liebe hüllen,
mich von ihr wärmen lassen
und einschlafen
mit dem Gedanken
an deine Zärtlichkeit.

Denn ohne dich
fühle ich mich
ohne mich.

Alizé

Ewigkeiten

Ich will

Deinen Duft inhalieren
Deinen Schweiß schmecken
Mich an Dir fühlen
An Dir berauschen
Und wundlieben
Für einen
Wimpernschlag
Schweben
Ewigkeiten leben

Mit Dir

Alan

Wenn ich an dich denke

Wenn ich an dich denke,
wird der Moment ganz still.
Dann spüre ich dich nah bei mir,
grad' so, als wärst du wieder hier.
Wo immer du auch bist.

Wenn ich an dich denke,
sehe ich dein Lächeln nur für mich
und träum' mich in den Augenblick,
in dieses kleine Stückchen Glück.
Wo immer du auch bist.

Wenn ich an dich denke,
stelle ich mir vieles vor.
Wie du an deinem Schreibtisch sitzt,
durch's Fenster in die Wolken blickst.
Wo immer du auch bist.

Wie unsere Blicke sich begegnen
und Hand in Hand auf Wolken gehen.
Sie himmelten sich maßlos an
und küssten sich so dann und wann,
so heiß, dass du es nie vergisst.

Wir sammelten uns Sonnenträume
und mieden all die Regentränen.
Doch wenn die Blicke Mondlicht tragen
Würd' ich mich auf dein Kissen wagen.
Wo immer es auch ist.
Alizé

Verstrickende Leichtigkeit

Du und ich
Verstricken
Uns nicht
Im Geflecht
Der ansonsten
Ganz normalen
Zwischenmenschlichen
Halbwahrheiten

Wozu auch
Wir lieben
Leben einander
Weil wir
Es wollen
Aus keinem
anderen Grund

Immer hoffend
Dass wir uns
Immer wieder
Mit Leichtigkeit
Miteinander
Abgeben

Alan

Zuckerwattewonnefroh

Der Koffer ist randvoll gepackt,
die Schuhe steh'n bereit.
So brühe ich mir Kaffee auf,
dafür ist immer Zeit.

Gedanken flattern aufgeregt,
Sie kreisen um dich her.
so lange sahen wir uns nicht,
die Zeit fiel mir recht schwer.

Des Nachts schaut' ich die Sterne an
und träumte von uns zweien.
Am Tag war ich zerstreut, verwirrt,
und fühlte mich allein.

Du fehltest mir an jedem Tag,
auch wenn ich's dir verschwieg.
Bin ohne dich doch nicht komplett
hab' dich so schrecklich lieb.

Doch all das zählt mir nun nicht mehr,
bin bald in deinem Arm,
dann lass ich dich so schnell nicht los
und weiß, du hältst mich warm.

Nun ist der Kaffee kalt und schal,
schmeckt irgendwie nach Stroh.
Ach - das ist mir doch piep egal
bin zuckerwattewonnefroh.

Alizé

Let me go home

Schon wieder eine andere Stadt
Ich habe das Unterwegs sein satt
Dabei läuft doch alles wie geschmiert
Bin von mir selbst ziemlich irritiert

Habe Hektik, Termine, einen langen Tag
Verhandlungen, dann noch einen Vertrag
Doch fällt mir das Konzentriert sein schwer
Die Sehnsucht nach dir, sie plagt mich sehr

Hotelbar am Abend, Lady Whisky im Arm
Sie hilft mir, hält mich kurzfristig warm
Gedanken im Treibsand, wo du wohl bist
ob du mich genau so schmerzlich vermisst?

Was machst du in dieser einsamen Nacht
Ich frage mich, wer gibt jetzt auf dich Acht
Dabei weiß, dass du auf mich wartest
Mich mit offenen Armen voller Sehnsucht
erwartest

Endlich ist es so weit
Ich bin voll auf Entzug
Nach dem Auschecken ins Taxi
Denn jetzt geht mein Flug

Mein Ziel ist bekannt
Mein Kopf steht nicht still
Bald kommt der Moment,
Den ich schon tagelang will

Möchte nur noch nach Hause
Weit weg von dem Driss
Denn ich weiß doch jetzt endlich
Wer „zu Haus" für mich ist.

Ungeduldige Erwartung
Jetzt gleich die Treppe hinauf
Du fliegst mir entgegen
Und ich fange dich auf

Alan

Gedankenkreisel

Gibt es verschiedene Arten von Liebe?
Welcher Art ist wohl die meinige?
Wäre es eine trotz - Liebe,
so liebte ich dich trotz allem.
Oder
Eine eben - Liebe,
ich liebte dich, weil du eben du bist.
Doch
wäre es eine Liebe - weil,
so liebte ich dich, weil ich dich liebe.

Alizé

Träumend

Unterwegs zu dir
Sehnsuchtsvoll erwacht
Aus tiefem Schlaf
Genügt kein Wort
Nicht einmal drei
Davon

Dir zu sagen

...

Alan

Nutzlose Zeit

Was bedeutet mir Zeit?
Was sind Tage, Stunden, Minuten,
die ich nutzlos verstreichen lasse?

In denen ich dem Leben
die Chancen hinterhertrage.
Zwischen dem Jetzt und dem Morgen
liegt nutzlose Zeit.
Gedanken kreisen,
Nebel verhüllt die Sonne.

Ich schüttele allen Ballast ab,
konzentriere mich auf jetzt und hier.
Klopfe den Staub der Gewohnheit
von meinen Kleidern.
Streife die schweren Schuhe ab
Und mein Gang wird unbeschwert.

Ach,
das Glück ist harte Arbeit,
die Liebe das größte Glück.
So will ich
aus deinen Küssen das Leben schmecken,
wenn der Liebe Worte schweigen.

Alizé

Sehnsucht

Lass uns einfach losfahren
Wohin die Sehnsucht uns führt
Vielleicht bis an das Ende der Welt
Wo sich Land und Meer vereinen.

Lass uns einen Platz suchen
Vor unendlichen Zeiten geprägt
Von Wasser und Wind
Dort will ich dich lieben

Und wenn die Fischerboote heimkeh-
ren
Die Nacht ihr Tuch über uns breitet
Will ich dich halten, gehalten werden
Und träumend die Sterne betrachten.

Alan

Plötzlich ist der Herbst gekommen

Plötzlich ist es Herbst geworden,
auch für uns, my Love.
Es ist nicht immer rund gelaufen.
Nach all den Jahren auch zu viel verlangt.
Es war auf unserer gemeinsamen Fahrt
oft kein Sicherheitsgurt vorhanden,
manchmal nicht einmal eine Leitplanke.
„Und Garantien, gibt Dir keiner",
wie Du weißt.

Wir bemerkten schnell,
dass es bergab rasant vorwärts geht,
wussten beide oft nicht wo es lang geht.
Jetzt wissen wir's – und sogar wie.
Denn wir haben nicht nur gelernt,
uns auf einander zu verlassen,
sondern auch, dass wir ohne einander
unvollständig sind.
Und dass die Liebe
ein zerbrechliches Ding ist,
dass es zu behüten gilt.

Von mir aus kann der Winter kommen.
Wir werden uns aneinander wärmen.
Aber er soll sich ruhig Zeit lassen,
schließlich gilt es erst einmal
den bunten Herbst zu durchleben.

Wie ich uns kenne,
werden wir dabei
eine Menge Blätter aufwirbeln
– einfach aus Spaß am Leben.

Alizé

Gestern

Es war doch gerade gestern
Da war ich achtzehn Jahre alt
Wir standen knutschen an der Ecke
Und ich war so in dich verknallt

Es war doch gerade gestern
Da hab ich irgendwas studiert
Du hast als kaufmännischer Lehrling
Kaffee gekocht, fotokopiert

Wir diskutierten in der Kneipe
Die Ohren und die Wangen rot
Die Zeit, sie schien uns fast unendlich
Wir schlugen sie mit Unsinn tot

Es war doch gerade gestern
Dass wir zusammen gezogen sind
Mansardenwohnung, viel zu teuer
Und durch die Ritzen zog der Wind

Du hattest eine feste Arbeit
Ich jobbte rum für wenig Geld
Ich wollte alles ausprobieren
Und hatte alle Zeit der Welt

Es war doch gerade gestern
Da stand'st du fassungslos vor mir
Mit einer Träne, einem Lächeln
Und einem Ultraschall von ihr

Du sagtest: „Wird' endlich erwachsen
So easy geht das jetzt nicht mehr"
Ich tat mein Bestes ernst zu werden
Doch fällt es mir noch immer schwer

Es war doch gerade gestern
Da nahm die Große meine Hand
Familienurlaub an der Nordsee
Wir bauten eine Burg aus Sand

Es war doch gerade gestern
Da wurd' die kleine Maus geboren
Und vor ner knappen halben Woche
Hat sie den ersten Zahn verloren

Der erste Schritt, der erste Schultag
Es fühlt sich an, als wär's vorhin
Nun fährt sie ständig mit dem Auto
Wo will sie heute Nacht noch hin???
Alan

So nah

Deine Arme umfangen mich
an jedem Morgen aufs Neue.
Dein Atem in meinem Haar,
deine Berührung, so nah.
Meine Liebe,
weit wie das Meer.

Alizé

Du

Ich lehne mich zurück
Ich weiß
Du stehst hinter mir
Stützt und hältst mich
Unerschütterlich

Alan

Ist es Liebe

Ist es Liebe
wenn ich mich
nicht komplett fühl' ohne dich?
Immerzu nur an dich denke,
mir nach dir den Hals verrenke.

Ist es Liebe,
wenn ich träume,
keine Zeit mit dir versäume?
Immerzu auf Wolken laufe,
vor Wonne lauter Schuhe kaufe.

Ist es Liebe,
wenn ich glaube,
dass ich des Nachts den Schlaf dir raube?
Dass du wie ich am Fenster stehst
und vor Sehnsucht fast vergehst.

Ist es Liebe,
was ich spüre,
wann immer ich dich sacht berühre?
Bitte lass es wirklich sein,
hüll' mich in deine Liebe ein.

Alizé

No Way Without You

My Lady

Glaubst du
An diese besondere Magie
Siehst du,
Fühlst du,
Spürst du sie

Unsere Liebe wuchs mit jedem Tag mehr
Wurde einzigartig für uns
Mit den Jahren
ist sie ganz einfach geworden

Als wäre sie
Das natürlichste auf der Welt
Empfunden so selbstverständlich
Wie das Atmen
Wie ein lauer Wind
Der uns umschmeichelt
Umfängt

Mit jedem Atemzug lieben
Geliebt werden
Vertrauen
Vertraut sein
Für den Anderen da sein
Aufgefangen werden

Und eines
Wird sie niemals ändern

Ich könnte
Jeden Ozean durchschwimmen
Hundert Flüsse überqueren
Tausend Berge erklimmen
Eine unendliche Zahl neuer Wege suchen
An allen Stationen meines Lebens
Gibt es keinen Platz mehr für mich

Ohne dich

Alan

Sommerglück

Wir atmeten den Sommer,
ließen unsere Hoffnungen
von der Flut aufs Meer tragen.
Du sagtest, dass ich dein Halt bin
im tosenden Ozean des Lebens.
Momente des Glücks.
Begreifen,
dass da immer noch dieses Feuer ist.
Zuweilen nur eine Flamme,
doch immer noch wärmt es uns.
Alizé

Summer Feeling

Deine Lippen
Schmeckten nach Schokoladeneis
Wir lagen im Sand
Atmeten, lachten
Zählten Wattewolken
Später zogen wir
Mit den Schiffen
Auf das Meer
Zeichneten mit dem Fingern
Muster ins Wasser
Gewannen Abstand
Vom festen Land
Erreichten den Horizont
Und waren frei
Alan

Zerbrechlich

Mein Herz, es ist Dir anvertraut.
Mal klopft es leis', zuweilen laut
und in gewissen, stillen Stunden
wenn wir den Anderen gefunden
dann bubbert es und fliegt Dir zu
gibt erst an Deinem Herzen Ruh.

Dort fühlt es Sicherheit, Vertrauen
und will auf Deine Stärke bauen.
D'rum fasse es behutsam an,
weil es so leicht zerbrechen kann.
Bewahr' es gut, und gebe Acht,
wie schnell ist's Herz kaputt gemacht.

Denn schließlich weiß doch Frau wie Mann,
dass man's nicht reparieren kann.
Mag Lindenberg es auch besingen,
das Herz in eine Zwinge zwingen.
Zuletzt bleibt ein zerbrochenes Teil
es wird durchs Kleben nicht mehr heil!

Doch will ich es dir trotzdem schenken
und nicht mehr an den Herzbruch denken.

Alizé

Kalt erwischt

Jetzt hat es mich doch kalt erwischt
Ich dachte, das passiert mir nicht
Ich lasse keine an mich ran
Weil sie mich sonst verletzen kann

Das war mein Vorsatz, doch wie oft
Trifft uns das Schicksal unverhofft
Es sagt: So, du willst hier was lenken
Ich will dich lehren, dich beschenken

Jetzt sitze ich, schreib ein Gedicht
Und glaube es noch immer nicht
Was macht das Schicksal bloß für Sachen
Nur, um uns leise auszulachen

Alan

Simsverliebt

Gestern schickte ich Dir eine SMS.
Gestern schicktest Du mir eine SMS,
doch wir werden nichts von einander lesen.

Denn . . .

deine SMS,
meine SMS
fanden sich
ganz zufällig
bei Vollmond
im Nirgendwo.

Sie erröteten,
umarmten sich sanft.
Waren gleich sehr verliebt
in einander.

So vergaßen sie
ihre Mission
und flogen
eng umschlungen
zu den Sternen.

Alizé

Augen – Blick

Meine Augen, sie suchten
Sind auf Reisen gegangen
Und mein Blick, dieser Schlingel
Hat sich bei dir verfangen

Hat sich dann auch sofort
Bei dir eingeschmeichelt
Dich ganz zaghaft berührt
Und dich zögernd gestreichelt

Doch dann wurde er frech
Hat auf Lippen gerastet
Dich sehr unbrav umschlungen
Körperformen ertastet

Hat gelugt und geäugt
Dann geschaut und geschielt
Deinen Blick kontaktiert
Und frech mit ihm gespielt

Nun ist er verschwunden
Ich find' ihn nicht mehr
Ist wohl bei dir geblieben
Und du gibst ihn nicht her

So kann ich's nicht ändern
Werde hier bleiben müssen
Und zur Blickunterstützung
Dich besinnungslos küssen
Alan

Für Valentin

Ach, mein lieber Valentin,
du fragst, ob ich denn glücklich bin?

Ich bin's weil du mich auffängst, hältst
und doch keine Bedingung stellst.
Weil ich mit dir so sicher bin,
mich fühl', wie eine Königin.

Den Augenblick genießen kann
und stolz bin auf den tollen Mann.
Der fest an meiner Seite steht
und niemals wieder von mir geht!

Ja, mein lieber Valentin,
nun weißt du, dass ich glücklich bin!

Alizé

Stress zum Valentinstag

Jetzt wird's Zeit, die Läden schließen
Und ein Mann läuft Marathon
Ist verzweifelt, schier am Ende
Wähnt sich ganz verloren schon

Sind's Pralinen oder Blumen
Weiß nicht, was er schenken soll
Für die Dame seines Herzens
Ist sein Herz mit Liebe voll

Denn sie wartet heute auf ihn
Heute ist der Liebestag
Den sich irgend so ein Spinner
Ausgedacht, weil Frau es mag

Valentin, der Tag der Liebe
Voll Erwartung wartet sie
Und ihm schlottern vor Verstresstheit
Herz und Hand und auch das Knie

Plötzlich steht vor in dem Laden
Den er vorher nie gesehen
Doch er denkt sich, das ist schnuppe
Was kann ihm denn noch geschehen

Drinnen ist es dunkeldüster
Doch das stört ihn heute nicht
Wichtig ist, dass er was findet
Wovon sie noch lange spricht

Doch was sieht er, kaum zu glauben
Peitschen, Dildos, Zubehör
Für den heavy Fall der Fälle
Wegzusehen fällt ihm schwer

Eine Lady, unverfroren
Schlängelt sich dicht an ihn ran
Lächelt sexy, drückt sich an ihn
Fragt, ob sie ihm helfen kann

Oh, ich suche etwas Tolles
Murmelt er ein wenig fad
Muss zu Valentin was schenken
Und jetzt hab ich den Salat

Was Tolles hast du hier gefunden
Flüstert sie und fasst ihn an
Deine Frau beglückst du später
Hier lernst du, wie ein Mann das kann

Inzwischen ist ein Jahr vergangen
Wieder ist der Liebestag
Er rennt nicht ziellos durch die Straßen
Denn er weiß jetzt, was sie mag
Alan

Wunschtraum

In den Dünen liegen,
Wolkenbildergeschichten erzählen.
Der Brandung trotzen,
Wellenspritzer auf der Haut fühlen.
Der warmen Brise entgegenlaufen,
sich das Haar zerzausen lassen.
Egal
ob Sonne, Meer oder Wind.
Hauptsache,
wir erlebe alles zusammen.

Alizé

Wunschtraum

Die Highlands
Liegen im sonnenwarmen Gras
Der Geruch von Moos
Das Raunen des Windes
Den Moment erspüren
In seiner ganzen
Einzigartigkeit
Lass uns zusammen
Leben
Erleben

Alan

Wie du bist

Der Eine schien zu machohaft,
der Andere zu soft.
Jener war ja gar nicht so,
wie ich es mir erhofft.

Dachte nicht an Kompromisse,
bitte keine zweite Wahl.
Wollte immer nichts und alles,
Konsequenz war mir egal.

Wünschte sicher ne Beziehung,
aber bitte nicht zu nah.
War von dem sehr überrascht,
was dann zwischen uns geschah.

Denn du knalltest in mein Leben
und du hast mich wachgeküsst.
Und ich weiß: Ich will dich sicher,
ganz genau so wie du bist.

Alizé

SIE

Sie ist die
Die sich Löcher in die Jeanshosen schneidet
Sie ist die
Die sich öfter mal ausgeflippt kleidet
Sie ist die
Die auf jeder Mauer balanciert
Die mit einem Blick
Jedes Mannsbild verwirrt
Die gerne mal flirtet
Auf Teufel komm raus
Doch zum guten Ende
Geht sie mit mir nach Haus

Sie ist die
Die mir Beulen ins Auto fährt
Und mir anschließend erklärt
Dass sie das nicht stört
Sie trinkt bei Gelegenheit
Mein Whiskyglas leer
Und erklärt mir anschließen
Sie bedaure das sehr
Sie zerstört meine Gläser
Das passiert aus Versehen
Sie schnippt mit dem Finger
Und 's ist um mich geschehen

Sie liebt es zu streiten
Wähnt sich immer im Recht
Doch die Versöhnung danach
Ist dann auch gar nicht schlecht
Sie lässt sich nicht gängeln
Ist mauleselig stur
Bei ihr scheitert jeder
Mit einer Dressur
Doch wenn ich sie bitte
So wird sie ganz zahm
Wird die Löwin zum Kätzchen
Kommt in meinem Arm

Sie gehört sich allein
Hat sich an mich verschenkt
Hier hat uns das Schicksal
Mit Vorsatz gelenkt
Für immer und ewig
Das hoffe ich sehr
Und wenn es gehen würde
Noch ein Leben mehr
Sie ist very crazy
Passt zu mir genau
Und zu alledem
Ist SIE meine Frau

Alan

Nothing more than feelings

Deine Lippen
auf den meinen,
deine Hände
auf meinem Körper.
Berührende Berührungen,
so nah - doch so weit.
Bitte lass mich
Dich sehen,
so, wie du bist.
Voller Liebe,
denn dafür liebe
ich dich.

Alizé

Vom Festhalten

Ich möchte dich doch nur auffangen
Und halten
Ganz sanft
Denn was man
Zu sehr festhält
Das zerbricht

Alan

Noch kann ich

Noch kann ich auf die Piste,
mich ziemlich sexy stylen.
In High Heels lasziv stöckeln,
zu jeder Party eilen.

Noch tret' ich mir beim Joggen
nicht schmerzhaft auf dem Busen,
hab hin und wieder gerne
ein bisschen was zum Schmusen.

Noch kann ich's Leben ändern
und vieles umgestalten.
Die Fahrbahn wieder wechseln,
mich völlig neu entfalten.

Ich kann mich neu verlieben
Gedichte d'rüber schreiben.
Doch wie die Sache aussieht,
werd' ich wohl bei dir bleiben.

Ich könnte, wenn ich wollte!
Gehöre mir allein.
Doch hab ich mich entschieden
und bin ein bisschen Dein!

Alizé

Dein Freund sein

Ich will nicht mit dir konkurrieren
Dich bestimmt nicht korrumpieren
Will dich niemals klassifizieren
Und schon gar nicht analysieren

Will mich niemals mit dir streiten
Alten Trouble aufbereiten
Will dich lieber lieb begleiten
Überhaupt nicht mit dir fighten

Will dich niemals unterdrücken
Mich mit deinen Federn schmücken
Will dich niemals bös ankrücken
Deine Meinung fies zerpflücken

Will deine Sippschaft nicht umgarnen
Mich verstellen oder tarnen
Nicht unken oder Schlimmes ahnen
Nichts hinter deinem Rücken planen

Will deine Rechte nicht beschneiden
Und Vergleiche lieber meiden
Dir nicht irgendwas verleiden
Will, dass wir uns unterscheiden

D'rum komm einfach zu mir her
Mach es mir doch nicht so schwer
Alles was ich gerne wär'
Dein Freund sein, ja, das wünsch' ich sehr
Alan

Du nervst, mein Schatz

Ich könnte schreien bei dem Satz:
„Wir sind spät dran, beeil dich, Schatz!"
Wenn ich noch in der Dusche fluche
und hektisch nach dem Shampoo suche.

Ich bin im höchsten Maß gestresst,
wenn du Klamotten liegen lässt.
Ich hass' es, wenn im Flur vom Schnee
ich deine Fußabdrücke sehe.

Mich stört es tierisch wie du guckst,
wenn du nach deinem Handy suchst.
Es nervt, wenn du am Morgen schon
rumfummelst mit dem Telefon.

Dazu das Radio laut an,
dass ich mich kaum beherrschen kann.
Dann singst du auch noch falsch und laut!
Oh Gott, wie das den Tag ver(dirbt)!

Doch was mich richtig fertig macht
ist, wenn ich auch nur eine Nacht
allein und einsam schlafen muss.
Ganz ohne dich und Einschlafkuss.

Das wirft mich völlig aus der Bahn.
Drum lass ihn liegen, deinen Kram.
Such weiter nach dem Telefon,
spiel Radio am Morgen schon.

Tapp ruhig mit nassen Schuhen 'rum.
So wirklich nehm' ich dir's nicht krumm.
Und wenn ich meckere - grins ruhig weiter.
Du bist und bleibst mein Spitzenreiter.

Alizé

Paradox

Je weiter
Du
Von mir
Entfernt bist
Umso
Näher
Fühl ich mich Dir

Alan (mit einem Lächeln)

Kein Liebesgedicht

Heut' schreibe ich dir ein Gedicht.
Es handelt nicht vom Sternenlicht.
Auch nicht vom Kuss im Mondenschein,
von immer mit dir glücklich sein.

Das Meeresrauschen kommt nicht vor,
es schmettert schmalzend kein Tenor.
Die Sonne nicht im Meer versinkt,
derweil ein Liebeslied erklingt.

Der Wind, er säuselt nicht ganz leise
und singt uns keine sanfte Weise.
Wir schmusen nicht am Meeresbusen,
es küssen uns nicht mal die Musen.

Ein kleiner Vers ist's, unverkrampft,
in dem es nicht vor Tränen dampft.
Ihm fehlen Rosen, Tulpen, Nelken.
Bekanntlich werden diese welken.

Was ich dir einfach sagen will:
(sei unbesorgt, gleich bin ich still)
Ist, dass ich dich ganz dolle mag.
An diesem und an jedem Tag!

Alizé

Sprachgewirre

Ik hou van je
Ljubim te
Wo ai ni
I liäbä di

Miluji te
Mo Feran e
I love you
Ja tebe kokhaju

Mama oyata arderyi
Aami tomaake bhaalo baashi
Ti amo
mitia ianao aho

jag älskar dig
I hob Di vuil liab

Man sagt es gern im schönen Wien
In Schweden und auf Mandarin
Slowenen, Briten und Bengalen
Flüstern's bei Liebesritualen

107

Azzuri singen Eleonore
Damit calzone d'amore
Auf Tschechisch klingt es kompliziert
Sinhala mich total verwirrt

Yoruba, Schwizerdütsch, Latein
Verschiedener könnte es nicht sein
Ein babylonisches Sprachgewirre
So durcheinander klingt es irre

Doch ist es nur ein kleiner Satz
Er ist allein für dich, mein Schatz
Du weißt, was ich dir sagen will
Und darum bin ich jetzt auch still

Alan

Fantasien

Ich mag sie,
deine warmen Hände,
wenn sie meinen Körper erkunden,
mich wohlig erschauern lassen.
Ich mag sie,
deine zärtlichen Hände.
Schließe die Augen,
bilde mir ein,
dass es deine sind,
die zart streicheln
und nicht meine.

Alizé

Wege

Manche Wege
Sind nicht dazu da
Um beschritten zu werden
Wir sollten sie einfach träumen

Alan

Vergissmeinnicht

In der Krone meines Baumes
baut ein Vogel sich ein Nest.
Und ich bin mir ziemlich sicher,
dass er sich dort niederlässt.

In dem Blumenbeet darunter
blühen blau Vergissmeinnicht.
Und ich pflücke mir ein Sträußchen,
denn es gibt mir Zuversicht.

In mein strukturiertes Leben
hat er sich zu mir verirrt.
Hat mit Liebe mich verzaubert,
mich ein wenig irritiert.

Habe mich an ihn verloren,
vergaß Vernunft und den Verstand.
Es ist der Spiegel seiner Augen,
in dem ich mich stets wiederfand.

Doch der Vogel flog gen Süden,
blaue Blume blüht nicht mehr.
Wo vorhin noch Leben strotzte,
ist nun alles öd und leer.

Beim Betrachten meines Gartens
schleicht sich ein Gedanke ein.
Was, wenn er gen Süden flöge,
ließe er mich wohl allein?

Verlässt er mich, geht auch mein Leben.
Was bliebe wär ein tiefer Schmerz.
Ich wäre niemals mehr vollkommen,
denn mit ihm geht auch mein Herz.

Alizé

Meine Frau

Da vorne, das ist sie,
In dem Sommerblumenkleid
Und sie ist mich - oh Wunder
Noch immer noch nicht Leid

Fast zwölf Sommer und Winter
Hält sie's schon mit mir aus
Zwölf Jahre voll Action
Sie bringt Leben ins Haus

Sie lacht gerne und laut
Kann schnurren wie'n Kätzchen
Hat Krallen wie ein Tiger
Und macht doch keine Mätzchen

Sie sagt was sie denkt
Schwimmt charmant gegen den Strom
Trägt das Herz auf der Zunge
Hat das Courage Diplom

Sie hält maffiös zu mir
Ist spannender als tausend Volt
Und bei all meinen Höhenflügen
Hat sie mich runter geholt

Verdient hab' ich sie nicht
Wüsste auch nicht wofür
Doch ist das Leben
Ein Kinderspiel mit ihr

Ging für sie durch die Hölle
Und nenn mich ruhig Spinner
Ich weiß ganz genau
Sie ist es für immer

Da vorne das ist sie
Schau einmal genau
Sie ist der Wahnsinn
Und sie ist meine Frau

Alan

Mein letzter Wille

In Erwartung des Momentes,
den man Gott sei Dank nicht kennt,
sitze ich vor leeren Blättern
schreib' ein Wort nur: Testament.

Dieses ist mein letzter Wille,
trotzdem weiß ich ganz gewiss,
dass der Wunsch, den ich hier aufschreib'
nicht mein allerletzter ist.

Kommt es doch zum Fall der Fälle
wäre dies' Papier bereit.
Würd' mich leise seufzend fügen,
doch es tät mir richtig leid!

Was an ird'schen Gütern mein ist,
Klüngelkram und Hund und Haus,
das vererb' ich dir, mein Liebster,
denn du machst das Beste draus.

Und erscheinen dir die Räume
plötzlich viel zu kahl und leer,
kehre alle dem den Rücken
denn wir brauchen es nicht mehr.

Lebe weiter unsere Träume,
sie sind bei dir in guter Hand.
Du, den ich so sehr geliebt hab',
wie ich es nun mal verstand.

Meine Verse und Geschichten
sind und waren immer dein.
Mach mit ihnen was du möchtest,
das wird dann schon richtig sein.

Ich danke dir für deine Liebe,
für die Treue ohnehin.
Ich weiß, dass du mich mehr geliebt hast,
als ich es vielleicht verdien'.

Warst Vertrauter und Geliebter,
Freund und Kumpel beides gleich,
gabst mir Sicherheit und Wärme.
Durch dich war mein Leben reich.

Ach, da fällt mir auf die Schnelle
Noch was Wichtiges grad' ein:
In den Tiefen unseres Kellers
schlummert mancher gute Wein.

Den vermach' ich euch, ihr Freunde,
die ihr ihn zu schätzen wisst.
Leert die Flaschen auf mein Leben,
das ja nun zu Ende ist.

Gerne schau ich von dort oben
(oder unten ;o)).
Eure Freude ist mein Trost.
Ich hätt' gerne mitgetrunken,
leider wird's nix - na dann ‚Prost'.

So, mein Nachlass ist geregelt,
klaren Kopfes, ohne Hast.
Was ich immer sagen wollte
hab ich nun ins Wort gefasst.

Dieses ist mein letzter Wille,
trotzdem weiß ich ganz gewiss,
dass der Wunsch, den ich hier aufschreib'
nicht mein allerletzter ist.

Wär er es doch, so will ich frei sein.
Asche, die das Meer aufnimmt.
Und im nächsten, neuen Leben
finden wir uns ganz bestimmt.

Alizé

Nichts mehr erklären

Ich wollte
Nichts mehr erklären
Mich niemandem mehr erzählen
Vielleicht
Ist die Zahl der Vertrauten endlich
Vielleicht deshalb

Du
Hast Geduld gebraucht
Bis ich dich in mich blicken ließ
Hinter der Fassade
Nicht immer fröhlich
Auch nicht immer stark

Du
Schriebst Stille unter meine Haut
Ruhe, Frieden
Und angekommen sein

Alan

Nie wieder 18

Das Miniröckchen, er ist ein Witz,
die Beine lang, der Ausschnitt spitz.
Die Augen groß und puppenrund,
knallrot gefärbt der süße Mund.

Die Männerwelt scharrt mit dem Huf,
so ist's, seit Gott die Frau erschuf.
Mein Liebster schielt auch zu ihr hin,
obwohl ich ganz nah bei ihm bin.

Denn sie ruft stumm zur Paarung auf,
doch ist sie gar nicht scharf darauf.
Mann macht sie an, sie lächelt lieb,
verwirrt durch diesen lüstern Trieb.

Sie guckt naiv, die Typen kommen,
jetzt fühlt sie sich echt ernst genommen.
Ein jeder macht sie , tanzt sie an
und wäre gern ihr SuperMann.

Ein paar Glas Sekt, sie brabbelt los,
was so will ist ganz famos.
Zwei Kinder kriegen, Häusle bauen,
Karriere machen, Welt anschauen.

Ich denke: „War ich auch mal so?"
Und bin im Innersten heilfroh,
dass ich nicht dieser Tussi gleiche
und unruhig durch die Dizze streiche.

Ich möcht' nie wieder 18 sein,
so süß, naiv, verspielt und klein.
Nie wieder eine Backfischbraut,
die kichernd auf den Nägeln kaut.

Die meint, sie wüsste, wie es geht
und oft genug im Regen steht.
Die ständig vor die Pumpe rennt,
noch nichts vom Leben, Lieben kennt.

Hab meinen eig'nen Stil gefunden,
die Backfischbraut ist lang verschwunden.
Durchschau' des Mannes Strategie
und führe selber die Regie.

*(Och, andererseits-dann könnte ich auch
so ein superkurzes Röckchen tragen…)*

Alizé

No Comment

Alan

Der zu verführende Mann

Hab' deinen Namen aufgeschrieben.
Du bist der Typ, an den ich denk'.
Will es auf keinen Fall versieben,
wenn ich mich ganz an dich verschenk'.

Du bist der Kerl, den ich gern hätte,
nicht immer, aber dann und wann.
Du stehst ganz oben auf der Liste
Als bald von mir verführter Mann ...

Ich lege dich in mein Register.
Du bist die Nummer meiner Wahl.
Bist einer, den ich gern küsste.
Zu warten ist mir eine Qual.

Den ganzen Tag hab' ich vergrübelt,
wie ich dich bald vernaschen kann.
Du stehst ganz oben auf der Liste,
als bald von mir verführter Mann!

Alizé

Ein echter Kerl

Ein echter Kerl würd' niemals klagen
Denn er leidet wie ein Mann
Kann so manchen Schmerz ertragen
Stellt sich nicht wie'n Mädchen an

Ein echter Kerl ist sehr verschwiegen
Sagt nicht was er fühlt und denkt
Bleibt oft stumm und sehr gediegen
Will nicht, dass man ihn bedrängt

Der echte Kerl starrt oft ins Feuer
Ein Mann muss tun, was Mannes Pflicht
Dieses ist ihr nicht geheuer
Sie versteht ihn leider nicht

Er meint, sie wäre zu beneiden
Weil nur sie ihn haben kann
Selbst bei allergrößten Leiden
Trägt er diese wie ein Mann

Doch das Weib, das unheilvolle
Ist nicht mehr in seinem Bann
Streicht ihm lässig durch die Tolle
Sucht sich einen richtigen Mann

Alan

Fernweh

CostaRica, Canada,
O wie schön ist Panama!
Niagara, Hudson Bay,
Leben a la Hemingway?

Riviera, Adria,
bella in Italia!
Espania lockt mit Kastagnetten.
Doch gibt's dort Burgen für die Betten!

Wie lebt denn Gott in Frankreich nur?
Macht er vielleicht ne Rhone Tour?
Lässt Rotwein dort in Strömen fließen,
kann die Unsterblichkeit genießen?

Wie voll wohl tausend Russen sind?
Die Antwort weiß doch jedes Kind!
Sie sind voll Seele und Gemüt
ein Schelm, wer anderes denken tut!

Warum ist es am Rhein so schön?
Wer will zu Fuss nach Kölle gehn?
Die blaue Donau lädt uns ein
ne Kreuzfahrt wäre wirklich fein!

Das Fernweh lockt, es lässt dich träumen,
von duftenden Lavendelbäumen,
von lauen Nächten, Mondenschein,
und richtig glücklich nur zu sein.

Der Wind, er streichelt leicht und sacht,
hat sanfte Kühlung dir gebracht.
Der Liebste nimmt dich in den Arm
du bist verzückt von seinem Charme.

Und denkst: Egal, wo ich auch bin,
der Urlaub macht mit dir erst Sinn!
Verreisen, das ist doppelt schön,
kann man die Welt gemeinsam sehen!

Alizé

Angekommen, San Francisco

Auf schnurgeraden Straßen
Die sich
Wie glänzende Flüsse
Vor uns erstrecken
Sind wir
In den Morgen gefahren
Begleitet
Von endlos aufgereihten Strommasten
Die surrende Leitungen tragen
Quer über den Kontinent

Vorbei an grellen Städten
Gleißende Lichter
Wollen verlocken
Dann durch verschlafene Orte
Die Zeit steht still

Du lächelst
Genießt die Fahrt
Wann habe ich dich zuletzt
So entspannt
So schön
Gesehen

Raus aus dem Gedankenkreisel
Wir haben Zeit
wir haben uns

Das ist Freiheit pur.

Die ersten hellen Häuser
Am Horizont
Dies ist die letzte Etappe
Unser Ziel

Wir stehen hoch oben
Schauen ins Blau
Die Bucht erstreckt sich
Bis in die Unendlichkeit
Wie klein die Schiffe sind

Ich lächele
Genieße den Augenblick
Spüre den Wind
In meinem Haar
Dies ist ein Tag
Der uns für immer bleibt

Ich liebe diese Stadt
Flüsterst du
Ich lege sacht den Arm um dich

San Francisco und wir
Lass uns für immer hier bleiben
!

Alan

Eins auf die Nase

Das Leben, schau ich heut' zurück,
es war wie ein Theaterstück.
Zuweilen schnulzte es durchaus,
und manches Mal gab es Applaus.
Doch lief es 'raus, aufs Happy End,
hab ich's Finale meist verpennt.

Zuweilen hab ich nix gecheckt
und plötzlich mitten drin gesteckt,
im infernalen Trauerspiel,
in dem ich auf die Nase fiel.
War heulend Hauptdarstellerin,
als absolute Dramaqueen.

Auch Thriller wurden aufgeführt,
denen Beachtung hier gebührt.
Ob bitterbös', ob Parodie,
das Schicksal führte meist Regie.
Mal schlecht, mal gut, ich spielte mit,
es kam zu manchem bösen Schnitt.

Komödie, mein Lieblingsstück!
Hier lachte häufig pures Glück.
Doch hatt' ich wieder Mist gemacht,
wurd' gerne über mich gelacht.
Ich hab es mit Humor genommen,
bin damit gut zurechtgekommen.

Mal war das Stück ein echter Flop,
zuweilen super, klasse, topp.
Mal großes Kino bei Sat 1,
dann wieder eigentlich nicht meins.
Hab auch aufs falsche Pferd gesetzt,
wurd' mehr als einmal schwer verletzt.

Doch würde ich von vorne starten,
das Leben wieder neu erwarten,
so würde ich es gerade wollen,
so wie es war, in allen Rollen.
Eins auf die Nase, so als Clou
gehört (verdammt nochmal) dazu.

Alizé

Die Unruh' in der Seele

Regendunkler Himmel
Erstickt das Sommerblau
Gedanken wie im Treibsand
Gefühle flau und grau

Bin wieder ein Jahr älter
Und weiser? Kommt drauf an
Doch wenn ich es auch wollte
Ich ändert' nichts daran.

Nun ja, man wird gelassen
Demütiger sogar
Die lange Lebensstrecke
Ist heilsam offenbar

Ja, eigentlich läuft's super
Man sollte dankbar sein
Fällt nur in Härtefällen
Noch auf sich selbst herein

Das Jahr, es war in Ordnung
Geordnet, strukturiert
Vielleicht liegt es auch daran
Dass es mich stark verwirrt

Es gibt sie noch, die Unruh
Sie lebt in mir, ganz klar
Nach all den vielen Jahren
Ist's schön und sonderbar

Bin noch nicht angekommen
Bin zwischen Start und Ziel
Will leben und erleben
Und davon möglichst viel

Nach all den Lebensjahren
Die Unruh' im Gemüt.
Das Feuer lodert weiter
Ist lang noch nicht verglüht

So lass dich mit mir treiben
Wer weiß, wohin es geht
Für's Lebensabenteuer
Ist es doch nie zu spät

Alan

Himmelsgeflüster

Am Himmel ist der Teufel los,
der Mond ist heute riesengroß.
Er mäkelt, meckert unzufrieden,
fühlt sich von allen so verschieden.

Die Einsamkeit, sie lässt ihn seufzen,
vor Rührung in die Finger schnäuzen.
Denn unser Mond sucht eine Frau
und ist vor lauter Trübsal blau.

Er wäre ach so gern verliebt,
fragt sich, ob's wohl ne Mondin gibt.
Doch leider ist am Firmament
gar niemanden, der Frau Luna kennt.

Ein Sternchen dauert's Mondes Pein,
möcht' auch nicht mehr alleine sein.
So schmiegt es sich an seine Wange
und schau - es dauert gar nicht lange,

da strahlen Mond und Stern zusammen,
man meint, der Himmel steht in Flammen.
Er flüstert: „Ach wie ist es nett,
mit dir in diesem Himmelbett.

Alizé

Neulich in Edinburgh:

Als ich mich dort im Pub befand
Mit einem Whisky in der Hand
Kam zu mir hin der Sensenmann
Und sprach mich von der Seite an
Er sagte: Es wird Zeit, mein Sohne
Denn die Engel warten schon
Oder fährst du unten ein
Da würd' ich mir nicht sicher sein
Er griff nach meiner rechten Hand
Wo sich das Whiskyglas befand

Dies Handeln ließ mich jäh erwachen
Ich rief: Das kannst du doch nicht machen
Erkläre mir, was dies hier soll
Mein Glas, es ist ja noch halb voll
Das Lebenswasser stehen lassen
In deinem Schrank fehlt es an Tassen
Doch will ich heute nicht so sein
Come, Keeper, schenk dem guy was ein
Hat er den Himmelstrunk probiert
Ist er bestimmt nicht mehr verwirrt
Und lässt das Jenseits Jenseits sein
Ich fahr heut nirgendwo mehr ein

Voll Argwohn nippte der Geselle
An seinem Glas und auf der Stelle
Verklärte sich sein düsterer Blick
Er seufzte: Welch ein großes Glück
Ließ mich genau an dich geraten
Ich wird' mit meinem Auftrag warten
Doch sei dir sicher, guter Mann
Wir sehen uns wieder - irgendwann ...

Alan

Er: „Ich haue ab"

Sie: „Ja und, mach doch"

Sie:
Schon beim ersten Date war klar,
aus uns beiden wird ein Paar.
Wir liebten, stritten, wurden älter,
doch ist das Feuer noch nicht kälter.

Und trotzdem gibst du mächtig an
und spielst hier voll den harten Mann.
Du sagst, du willst nach Vegas*** gehen?
Okay, lass dich mal wieder sehen.

Er:
My Dear, du hältst mich nicht zurück
Dort finde ich das super Glück
Nach Vegas steht mir nur der Sinn
Glaube mir, das kriege ich schon hin

Sie:
Geh doch, wenn du das machen musst,
ich hoffe, dir ist wohl bewusst,
dass du dich nur zum Narren machst,
wahrscheinlich auf die Nase krachst.

Er:

„Nun red' nicht solchen Unsinn, Weib
Bleib mir mit dem Geschwätz vom Leib
Ein Mann tut, was er tuen muss
Und jetzt ist mit dem Reden Schluss
Drum find' dich ab, ich werde gehen
Mal schauen, wann wir uns wiedersehen
Ich geh nach Vegas, ganz egal,
Dort ist das Leben ideal
Und alle Frauen werden wissen
So wie ich kann keiner küssen

Sie:

So leb denn wohl, du toller Hecht,
dir ist nicht mehr zu helfen, echt!
Ich bin und bleibe souverän,
you stupid and big - talkin' man!
Doch wenn du dann in Vegas bist,
weiß ich, dass du mich doll vermisst.
Du hältst es keine Woche aus
und bist ruck zuck wieder zu Haus.
D'rum warte ich dort schon auf dich,
du willst doch gar nicht ohne mich.

Er:

Schon seit dem ersten Date ist klar,
wir beide sind ein Liebespaar.
Wir lieben, streiten, werden älter,
doch wird das Feuer niemals kälter.

Nachtrag:
Because you're mine,
I walk the line ...

***Vegas weil - wer will schon nach Jackson
...

*Frei nach dem Song „I'm goin' to Jackson",
wobei wir die Version
von Johnny Cash June Carter bevorzugen.*

Alizé und Alan

begegneten sich 2001 zum ersten Mal. Schnell war klar, dass diese beiden zusammengehörten. Doch was einfach scheint, ist zuweilen schwierig. Es gab eine Menge Hindernisse zu überwinden und somit eine lange, sehnsuchtsvolle Zeit, die einen regen Brief-, bzw. Gedichtwechsel mit sich brachte.

Heute ist das Paar glücklich verheiratet, doch das Schreiben ist für beide zu einer Passion geworden.

Alizé Siffleur und Alan P.
Zeig mir Deine Lust

Lustvoll und erotisch. Alizés und Allans Gedichte drehen sich unverkrampft und freizügig um nicht alltägliche Phantasien, um die Freude daran, sich sexuell zu nehmen, was man möchte. Eine Lektüre, über die ungehemmte Lust.

Alizé - Poetry Slam

Bilanz ziehen - Soll und Haben

Was mir fehlt:
Manchmal der Mut das Leben anzupacken,
zu packen,
einzupacken,
so wie ich es gerade brauche.
In rosa Glanzpapier,
damit es glimmert und glitzert.
Oder in graue Gaze,
sodass ich es nur ganz wenig
durchschimmert.

Oft suche ich nach einem Plan,
aber ich finde ihn nicht.
Weder den namens A
und den Plan B überhaupt nicht.
Hab nicht mal einen Plan von der Liebe,
sie passiert irgendwie
(Glück gehabt).

Hab keine Modelfigur
und keinen Lifestyle.
Clubwear,
Streetwear
ist mir wurscht.

Hab ja keine Straße
Und auch kein Viertel,
nicht mal einen Blog
und keine Ahnung von Twitter
und YouTube
und meistens find' ich Facebook langweilig.
Bin von keinem Verein vereinnahmt,
bin kein Clubmitglied,
wie auch,
ohne Clubwear.
Hab' nicht mal eine Payback Karte.

Hätte gern ein Sams mit Wunschpunkten,
dann würde ich mir mächtig viel wünschen.
Vielleicht eine Traumfigur
und eine Schokoladenseite.
Einen coolen Look
und roten Pony Heels.
Aber meine Lachfältchen würd' ich schon
gern behalten
und meinen alten Schlabberpulli auch.

Oder ich wünsche mir Macht und Moos.
Und einen Titel,
damit ich ausgefallene, riesige Hüte tragen
und damit beim Pferderennen herumflanie-
ren kann.
Aber meinen Dackel ohne Stammbaum
würde ich behalten.

Wie wäre es mit Supertalenten
oder noch besser Superkräften?
Damit ich die Welt retten kann.
Aber gleich frag' ich mich,
ob die Welt überhaupt zu retten ist
und ob sie sich retten lassen will.

Vielleicht sollte ich mit dem Nachdenken
aufhören,
weil mein Denkomat sonst nachher irgend-
wann explodiert
und in lauter kleine Stücke zerfällt.
Und ob sich der durchs Wünschen wieder
zusammensetzt
...

Was ich habe:
Zwei Hände die berühren,
ertasten,
begreifen.
Zwei Augen, die auch das sehen, was nicht
offensichtlich ist.
Zwei Ohren, die Zwischentöne hören kön-
nen
und manchmal sogar das was du meinst,
obwohl du es nicht sagst.
Zwei Füße, die tanzen können und springen,
aber auch fest auf dem Boden stehen.
Einen Bauch, der oft Hunger hat,

aber auch Bauchgefühl.

Auch Krimskrams habe ich ganz viel,
unnütze Sachen,
die ich doch irgendwie brauche.

Und dann habe ich auch noch Angst.
Davor, dass ich zu spät bin
oder verpeilt
und wieder mal zu blauäugig.
Davor, dass ich verliere,
was ich gewonnen habe.
Luxusangst ist das,
sagt mein Denkomat.
Eigentlich hat er Recht.
Ich habe nämlich das Wesentliche,
das, worauf es ankommt,
letztendlich.

Ich habe deine Liebe.

Gelöschter Kontakt Part 2

Ich hab' dein blödes Shirt zerschnitten
und deine unnützen Sachen weggeschmis-
sen.
Ich kann und will dich nicht mehr sehen,
deshalb hab' ich dein Bild zerrissen.
In tausend kleine Schnipsel,
damit ich's nicht irgendwann
wieder zusammensetzen kann.
Obwohl ich das ja gar nicht will.
Weil - du bist mir nicht mehr wichtig.
Jedenfalls nicht wichtiger als irgendwer.

Mein Handy hat vorhin geklingelt,
aber ich hab' dich kaltlächelnd wegge-
drückt.
Anschließend habe ich gefühlte
 eine Mio mal
auf Facebook ‚gefällt mir nicht' geklickt
und deine Beiträge verborgen,
weil, wer will schon was von dir lesen.
Will dich ignorieren,
mich nie wieder verlieren.
Für immer und ewig
und noch viel länger.

Meistens kann ich auch wieder schlafen,
du bist nur noch manchmal in meinen
Träumen.

Dann taste ich schlaftrunken nach dir,
aber du bist ja nicht mehr neben mir.
Nicht, dass ich das wollte,
dass du neben mir liegst.
Glaub' das bloß nicht!
Obwohl ich nachts ganz oft doll friere.

Meine Narben hab' ich überschminkt.
Habe gelernt laut und lustig zu lachen,
auch wenn innen alles wund ist
und weh tut.
Wen interessiert's.
Das wird schon wieder, irgendwann.
Habe alle Energie verbraucht,
bei dem Versuch dich zu hassen
und mühevoll geschafft
dich endlich loszulassen.

Aber ganz hinten,
im hintersten Winkel,
von meinem Kopf,
von meinem Herz,
da bist du immer noch

und ich fürchte fast ...

Du sagst, du liebst mich

Du sagst du liebst mich,
auch wenn wir uns streiten.
Das es egal ist,
weil Liebe keine Grenzen kennt.
Und das nur wir allein bestimmen
was aus uns wird.
Dass das Schicksal nichts damit zu tun hat.

Ich weiß es, sehe es in deinem Blick.
Selbst wenn ich mich verliere,
wirst du mir helfen mich wiederzufinden.
Wenn ich wieder einmal zu viel frage
und keine Antworten finde,
mich sinnlos abhetzte,
dann hältst du mich,
gibst mir Zeit.

Denkomat

Mein vertrackter Denkomat!
Er hat sich in Betrieb gesetzt.
Wieder einmal.
Zur falschen Zeit.
Ganz von allein.
Dabei ist er nicht einmal mit anderen ver-
netzt,
ist eine ganz eigenständige Denkmaschine
und deshalb etwas merkwürdig,
eben nicht eingenordet.

Kreuz und quer,
sozusagen querbeet,
stromert er herum,
findet Querverbindungen
oder Verwirrungen.

Fragt nach dem Glück,
was es kostet,
wo es doch alles zu kaufen gibt.
Bekomme ich es frei Haus geliefert,
mit ‚Amazon prime'?
Kann es umgetauscht werden
wenn es nicht die richtige Art von Glück ist?
Wenn mich das bestellte Glück gar nicht
glücklich macht,
sondern sonderbar traurig.

Und das Lachen?
Bekomme ich das echt geschenkt?
Muss ich gar nicht dafür bezahlen?
Kein Bisschen?
Und wo kann ich es her bekommen?
Habe bei Google nachgeschaut,
aber keinen Anbieter für kostenloses La-
chen gefunden.
Und muss ich es letztendlich annehmen?
Auch wenn es gar kein richtiges Lachen ist,
sondern bloß ein aufgesetztes.

Und was ist mit Gott?
Wenn ich an ihn glaube,
glaubt er dann eigentlich auch an mich?
Oder bin ich bloß so ein kleines Menschlein,
das er übersieht,
im großen Ganzen?

Und die Wünsche?
Träumen wir sie uns herbei?
Sind es dann Wunschträume?
Oder schwirren sie einfach so um uns her-
um?
Ein Fingerschnippen,
zack - ist der Wunsch da
quasi aus der Luft gegriffen.
Und welche Sorte von Wunsch wird letzt-
endlich Wirklichkeit?

Der Wunschtraum
oder der aus dem Luftraum?
Wünsche ich manchmal nicht genug?
Weil - bin ja nie ganz wunschlos.

Und wir beide?
Sind wir einzeln einzigartig unschlagbar
oder unschlagbar und einzigartig erst zu
zweit?
Sind wir das, was uns zusammenhält?
Drehen wir uns um unsere Welt?
Oder dreht sich die Welt um uns?
Sind wir erst richtig sichtbar,
weil wir uns Aufmerksamkeit schenken?
Uns gegenseitig beim Leben zuschauen
und wichtig finden?

Vielleicht versuche ich
den Denkomaten für ein paar Minuten ab-
zuschalten.
Bevor er heiß läuft.

Vielleicht versuche ich
die Welt sich einfach drehen zu lassen.
Zu kapieren, dass sie das sowieso tut.

Vielleicht versuche ich
die Dinge einfach so stehen zu lassen.
Wie sie eben sind.

Vielleicht lehne ich mich an dich,
lasse mich festhalten,
bin gar nicht so cool wie es gern wäre.

Bestimmt gibt der vertrackte Denkomat
dann Ruhe!

Weitere Bücher

Alizé Siffleur
Saturday Night Fever
erotische Kurzgeschichten

Alizé Siffleur
Love Affair
Frech, frivol und tabulos, so ist der neue Roman von Alizé Siffleur.

Alizé Siffleur
Dark Soul

Dark Soul, ein Roman voller prickelnder Erotik.